Direction éditoriale : Jannie Brisseau
Responsable éditoriale : Agnès Besson
Direction artistique : Bernard Girodroux, Anne-Catherine Souletie
Maquette : Gulliver Studio
Couverture : Muriel Kerba

Conforme à la loi n° 49.956 du 16 juillet 1949
sur les publications destinées à la jeunesse.

ISBN : 2-09-210626-0 pour la partie livre
ISBN : 2-09-211060-8 pour le pack livre + CD
N° d'éditeur : 10112559 - Dépôt légal - mars 2004
Impression et reliure : Pollina s.a., 85400 Luçon
N° d'impression : L 92838
Imprimé en France

Histoires, comptines, chansons et Cie

Petites Chansons pour tous les jours

Illustrations de Sylvie Albert, Christel Desmoinaux, Jochen Gerner, Martin Jarrie, Muriel Kerba, Jean-François Martin, Martin Matje, Christophe Merlin, Andrée Prigent et Danièle Schulthess.

Portées musicales de Sophie Vazeille.

Nathan

Un éléphant

Un éléphant, ça trompe, ça trompe,
Un éléphant, ça trompe énormément.

Refrain

La peinture à l'huile,
C'est plus difficile,
Mais c'est bien plus beau
Que la peinture à l'eau.

Deux éléphants...

(On augmente d'un à chaque couplet)

Pomme de reinette et pomme d'api

Pomme de reinette et pomme d'api,
Tapis tapis rouge,
Pomme de reinette et pomme d'api,
Tapis tapis gris.

Un canard

Car la cane disait à sa tarte :
« Ris, tarte, ris, tarte. »
Car la cane disait à sa tarte :
« Ris, tarte » et la Tartarie !

Le canard disait à sa cane :
« Ris, cane, ris, cane. »
Le canard disait à sa cane :
« Ris, cane » et la canari !

Nous n'irons plus au bois

Refrain

Entrez dans la danse,
Voyez comme on danse,
Sautez, dansez,
Embrassez qui vous voudrez !

La belle que voilà
La laiss'rons-nous danser ?
Et les lauriers du bois
Les laiss'rons-nous faner ? ***(refrain)***

Non chacun à son tour
Ira les ramasser.
Si la cigale y dort
Ne faut pas la blesser. ***(refrain)***

Le chant du rossignol
Viendra la réveiller
Et aussi la fauvette
Avec son doux gosier. ***(refrain)***

Et Jeanne la bergère
Avec son blanc panier,
Allant cueillir la fraise
Et la fleur d'églantier. ***(refrain)***

Cigale, ma cigale,
Allons, il faut chanter
Car les lauriers du bois
Sont déjà repoussés. ***(refrain)***

Meunier, tu dors

Meunier, tu dors,
Ton moulin, ton moulin va trop vite,
Meunier, tu dors,
Ton moulin, ton moulin va trop fort.

Ton moulin, ton moulin va trop vite,
Ton moulin, ton moulin va trop fort.
Ton moulin, ton moulin va trop vite,
Ton moulin, ton moulin va trop fort.

Aux marches du palais

Elle a tant d'amoureux ***(bis)***
Qu'ell' ne sait lequel prendre, lon la,
Qu'ell' ne sait lequel prendre !

C'est un p'tit cordonnier ***(bis)***
Qu'a z'eu la préférence...

C'est en la l'y chaussant ***(bis)***
Qu'il lui fit sa demande...

– La bell', si tu voulais ***(bis)***
Nous dormirions ensemble...

Dans un grand lit carré ***(bis)***
Couvert de taies blanches...

Aux quatre coins du lit ***(bis)***
Un bouquet de pervenches...

Au beau mitan du lit ***(bis)***
La rivière est profonde...

Tous les chevaux du roi ***(bis)***
Pourraient y boire ensemble...

Nous y pourrions dormir ***(bis)***
Jusqu'à la fin du monde...

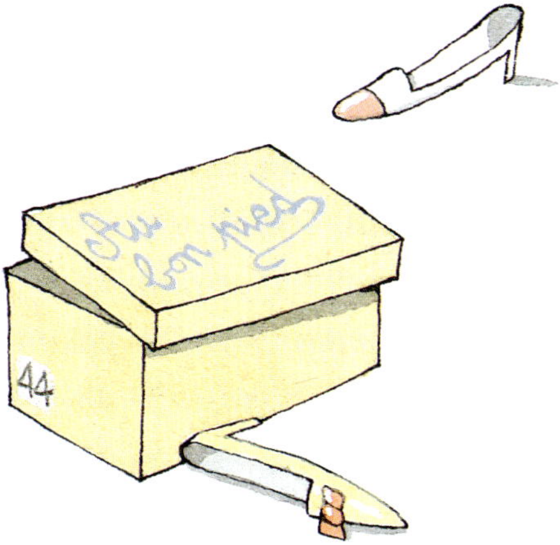

Trois poules

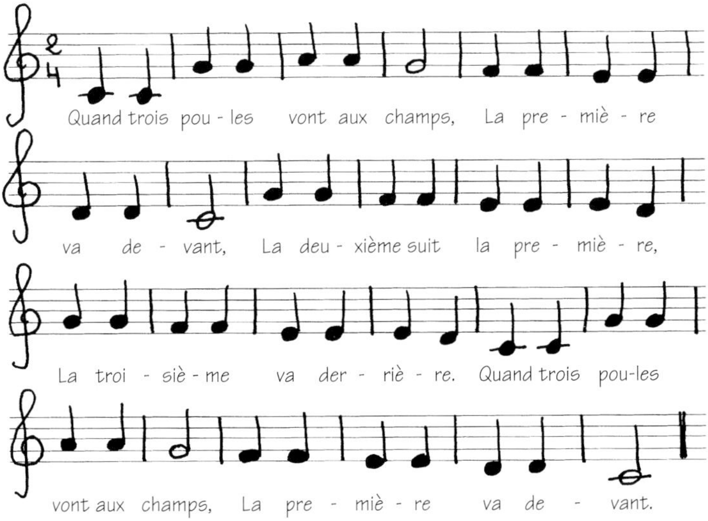

Quand trois poules vont aux champs,
La première va devant,
La deuxième suit la première,
La troisième va derrière.
Quand trois poules vont aux champs,
La première va devant.

Savez-vous planter les choux ?

Refrain

Savez-vous planter les choux
À la mode, à la mode.
Savez-vous planter les choux
À la mode de chez nous.

On les plante avec le doigt
À la mode, à la mode.
On les plante avec le doigt
À la mode de chez nous. ***(refrain)***

On les plante avec le coude... ***(refrain)***
On les plante avec le nez... ***(refrain)***

Les enfants peuvent inventer d'autres couplets.

Fais dodo,
Colas, mon p'tit frère

Refrain

Fais dodo,
Colas, mon p'tit frère,
Fais dodo,
T'auras du lolo.

Maman est en haut
Qui fait du gâteau,
Papa est en bas
Qui fait du chocolat. ***(refrain)***

On fait la bouillie
Pour l'enfant qui crie ;
Et tant qu'il criera,
Il n'en aura pas. ***(refrain)***

Gentil coquelicot

Refrain

Gentil coquelicot mesdames,
Gentil coquelicot nouveau.

Je n'avais pas cueilli trois brins ***(bis)***
Qu'un rossignol vint sur ma main. ***(refrain)***

Il me dit trois mots en latin ***(bis)***
Que les hommes ne valent rien. ***(refrain)***

Des dames il ne me dit rien ***(bis)***
Des demoiselles beaucoup de bien. ***(refrain)***

O Tempora ! O MoRes ! . . . .

Bateau, ciseau

Bateau, ciseau,

La rivière, la rivière,

Bateau, ciseau,

La rivière au bord de l'eau.

La rivière a débordé

Dans le jardin de monsieur le curé.

Qu'est-ce qu'est la marraine ?
C'est une hirondelle.
Qu'est-ce qu'est le parrain ?
C'est un gros lapin.

Ah ! les crocodiles

Un crocodile s'en allait à la guerre
Disait au r'voir à ses petits enfants.
Traînant ses pieds, ses pieds dans la poussière,
Il s'en allait combattr' les éléphants.
(Ah ! Ah ! Ah !)
Ah ! les cro-cro-cro, les cro-cro-cro,
Les crocodiles,
Sur les bords du Nil ils sont partis
N'en parlons plus. ***(reprise)***

Trois jeunes tambours

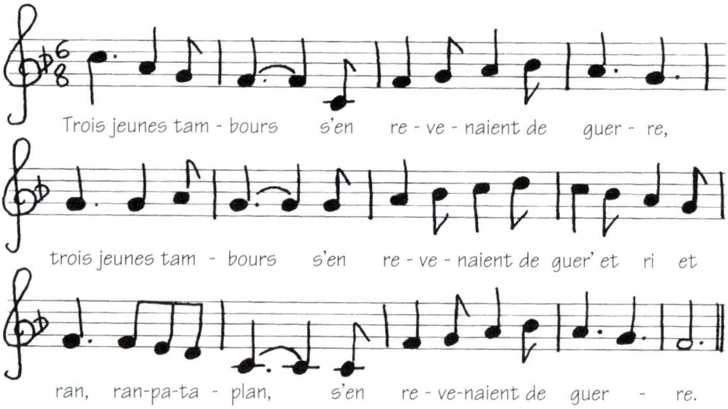

Le plus jeune a dans sa bouche une rose. ***(bis)***

La fille du roi était à sa fenêtre. ***(bis)***

Joli tambour, donnez-moi votre rose. ***(bis)***

Fille du roi, donnez-moi votre cœur. ***(bis)***

Joli tambour, demandez à mon père. **(bis)**

Sire le roi, donnez-moi votre fille. **(bis)**

Joli tambour, tu n'es pas assez riche. **(bis)**

J'ai trois vaisseaux, dessus la mer jolie. **(bis)**

L'un chargé d'or, l'autre de pierreries. **(bis)**

Et le troisième pour promener ma mie. **(bis)**

Joli tambour, je te donne ma fille. **(bis)**

Sire le roi, je vous en remercie. **(bis)**

Dans mon pays, y'en a de plus jolies. **(bis)**

Ainsi font, font, font

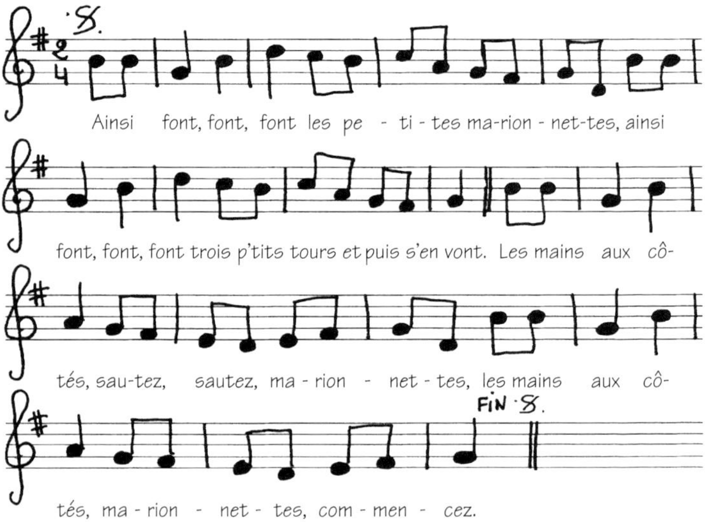

Ainsi font, font, font
Les petites marionnettes,
Ainsi font, font, font
Trois p'tits tours et puis s'en vont.

Les mains aux côtés,
Sautez, sautez, marionnettes,
Les mains aux côtés,
Marionnettes, commencez.

Un petit cochon

Un petit cochon
Pendu au plafond.
Tirez-lui le nez,
Il donn'ra du lait.
Tirez-lui la queue,
Il pondra des œufs.
Combien en voulez-vous ?

Jean de la Lune

Il était gros comme un champignon
Frêle, délicat, petit et mignon
Et jaune et vert comme un perroquet
Avec bon caquet :
Jean de la Lune, Jean de la Lune.

Pour canne, il avait un cure-dent,
Clignait de l'œil, marchait en boitant,
Et demeurait en toute saison
Dans un potiron.
Jean de la Lune, Jean de la Lune.

Quand il mourut, chacun le pleura
Dans son potiron on l'enterra
Et sur sa tombe l'on écrivit
Sur la croix : ci-gît
Jean de la Lune, Jean de la Lune.

Ah ! vous dirai-je, maman

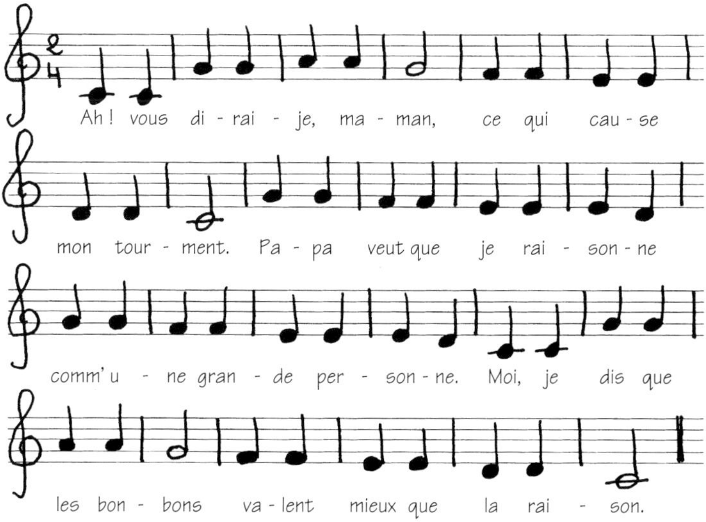

Ah ! vous dirai-je, maman,
Ce qui cause mon tourment.
Papa veut que je raisonne
Comme une grande personne,
Moi, je dis que les bonbons
Valent mieux que la raison.

À la claire fontaine

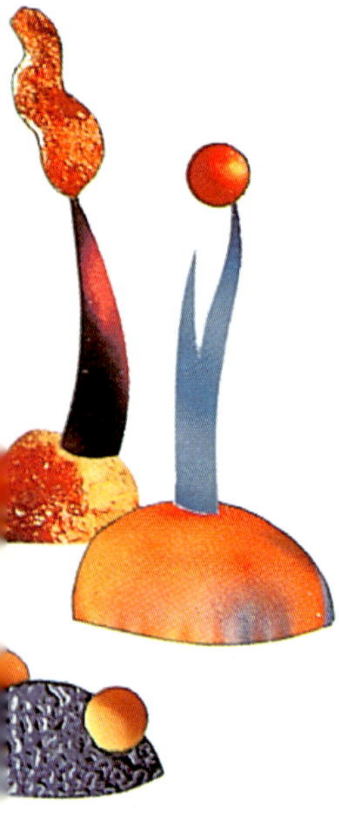

Refrain

Il y a longtemps que je t'aime,
Jamais je ne t'oublierai.

Sous les feuilles d'un chêne
Je me suis fait sécher ;
Sur la plus haute branche
Un rossignol chantait. ***(refrain)***

Chante, rossignol, chante,
Toi qui as le cœur gai ;
Tu as le cœur à rire
Moi, je l'ai à pleurer. ***(refrain)***

C'est pour mon ami Pierre
Qui ne veut plus m'aimer,
Pour un bouton de rose
Que lui ai refusé. ***(refrain)***

Je voudrais que la rose
Fût encore au rosier,
Et que mon ami Pierre
Fût encore à m'aimer. ***(refrain)***

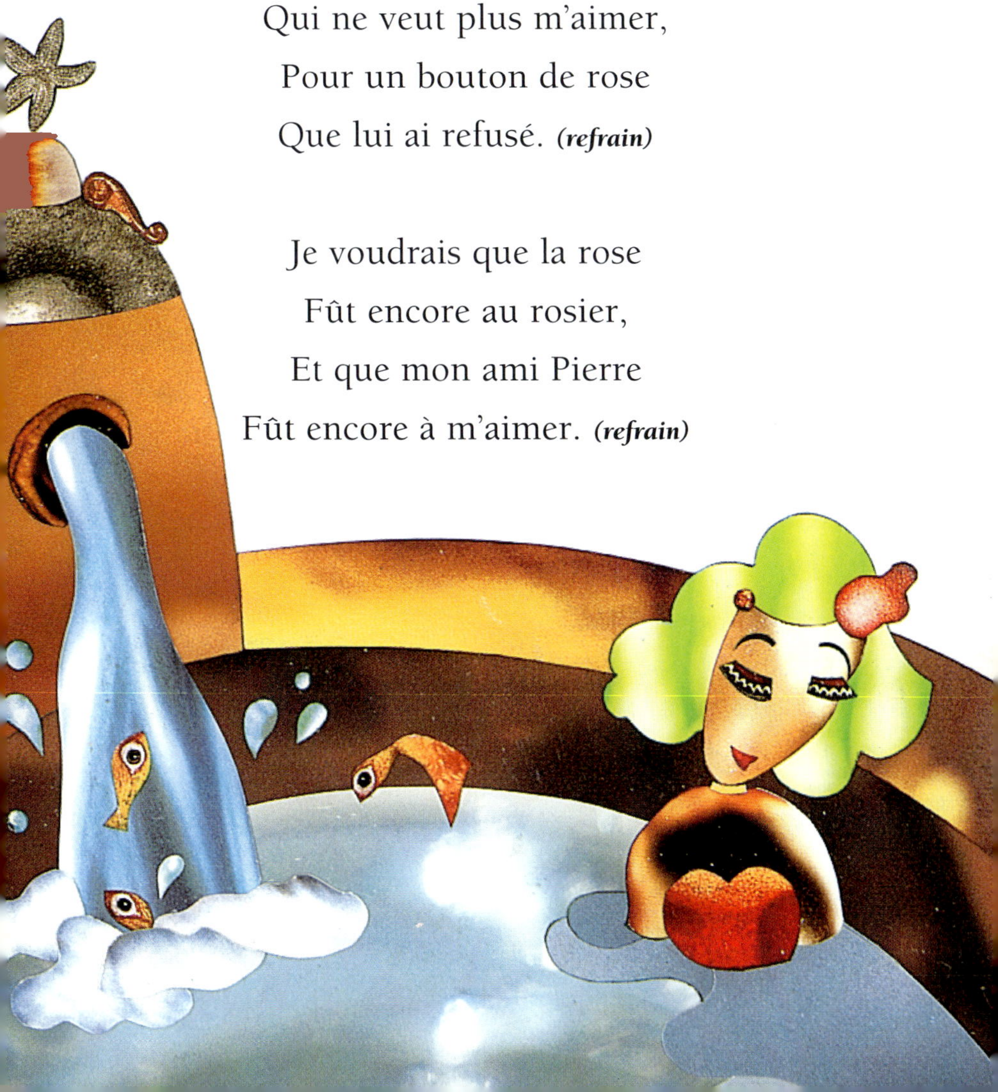

Dansons la capucine

Dansons la capucine,
Y'a plus de vin chez nous !
Y'en a chez la voisine,
Mais ce n'est pas pour nous,
You !

Dansons la capucine,
Y'a du plaisir chez nous !
On pleure chez la voisine,
On rit toujours chez nous,
You !

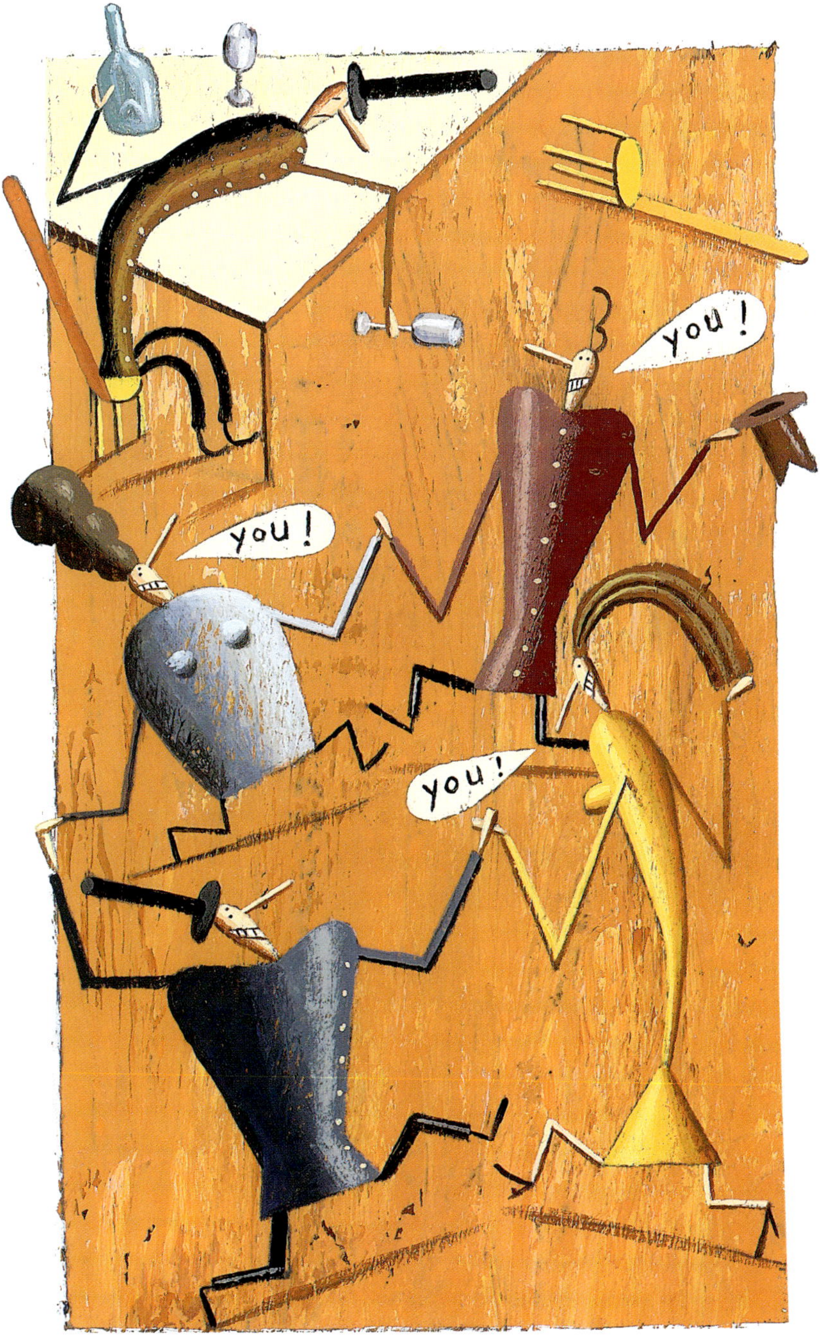
you!
you!
you!

La bonne aventure ô gué

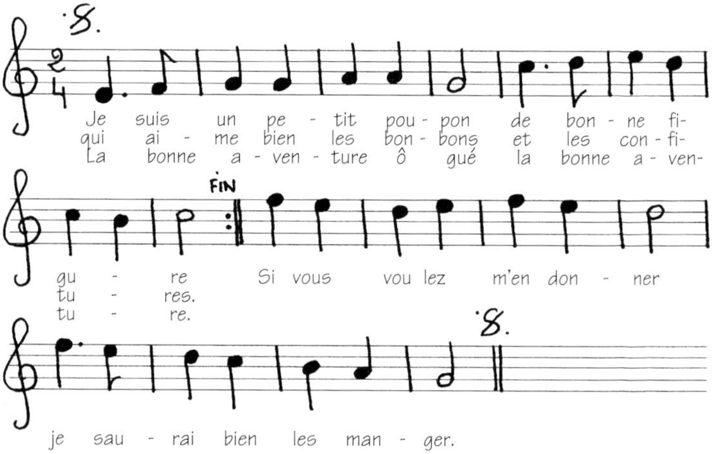

Lorsque les petits garçons
Sont gentils et sages,
On leur donne des bonbons,
De belles images,
Mais quand ils se font gronder
C'est le fouet qu'il faut donner.
La triste aventure ô gué,
La triste aventure.

Je serai sage et bien bon
Pour plaire à ma mère,
Je saurai bien ma leçon
Pour plaire à mon père.
Je veux bien les contenter
Et s'ils veulent m'embrasser,
La bonne aventure ô gué,
La bonne aventure.

Polichinelle

Refrain

Pan ! Pan ! Qu'est-ce qu'est là ?

C'est Polichinelle, mam'zelle.

Pan ! Pan ! Qu'est-ce qu'est là ?

C'est Polichinelle que v'là !

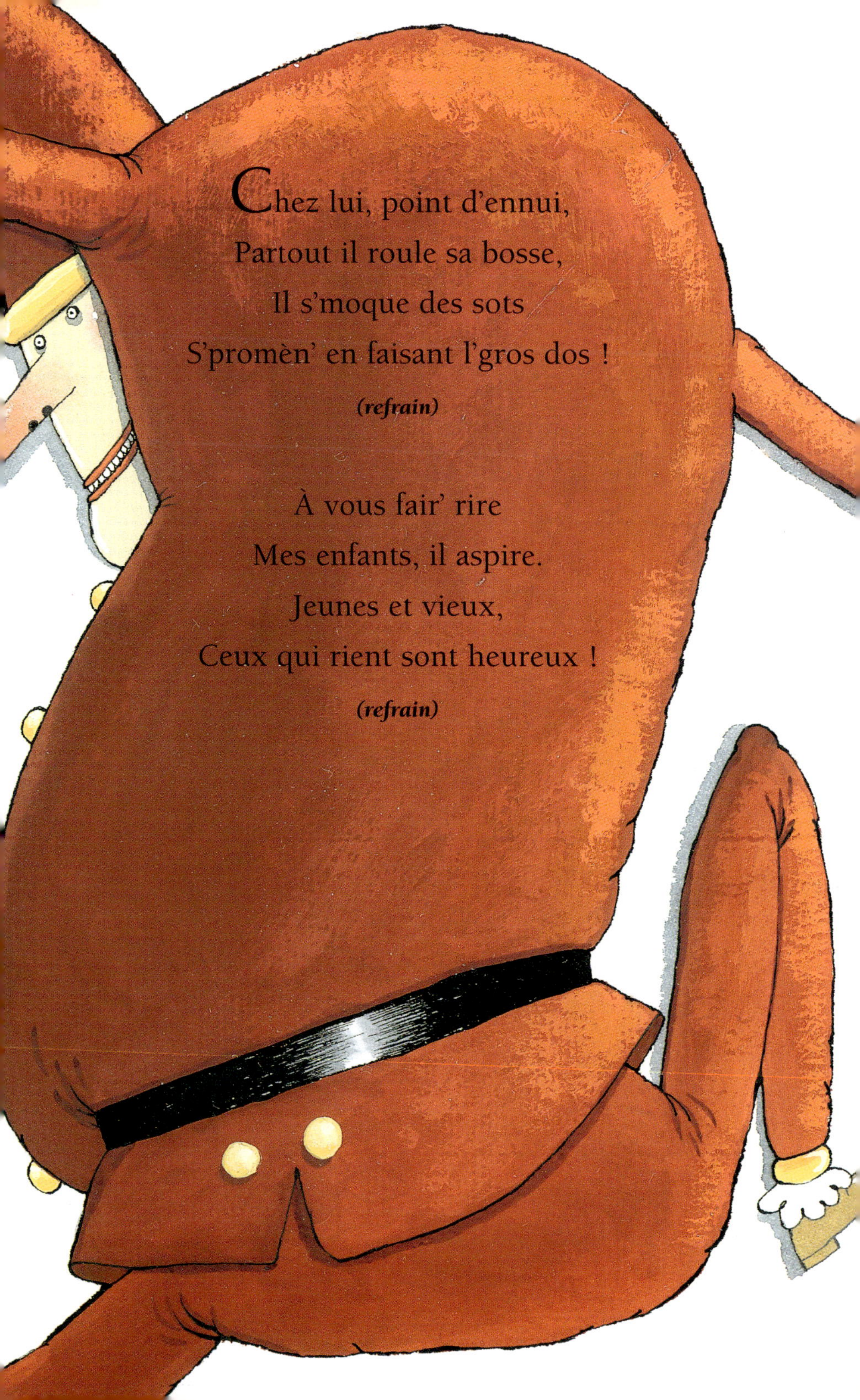

Chez lui, point d'ennui,
Partout il roule sa bosse,
Il s'moque des sots
S'promèn' en faisant l'gros dos !

(refrain)

À vous fair' rire
Mes enfants, il aspire.
Jeunes et vieux,
Ceux qui rient sont heureux !

(refrain)

Il était un petit navire

Il entreprit un long voyage ***(bis)***
Sur la Mer Mé, Mé, Méditerranée. ***(bis)***
Ohé ! Ohé !

Au bout de cinq à six semaines ***(bis)***
Les vivres vin-vin-vinrent à manquer. ***(bis)***
Ohé ! Ohé !

On tira z'à la courte-paille ***(bis)***
Pour savoir qui-qui-qui serait mangé. ***(bis)***
Ohé ! Ohé !

Le sort tomba sur le plus jeune ***(bis)***
Bien qu'il ne fût-fût-fût pas très épais ! ***(bis)***
Ohé ! Ohé !

Au même instant, un grand miracle ***(bis)***
Pour l'enfant fut-fut-fut réalisé. ***(bis)***
Ohé ! Ohé !

Des p'tits poissons dans le navire ***(bis)***
Sautèrent par-par-par milliers. ***(bis)***
Ohé ! Ohé !

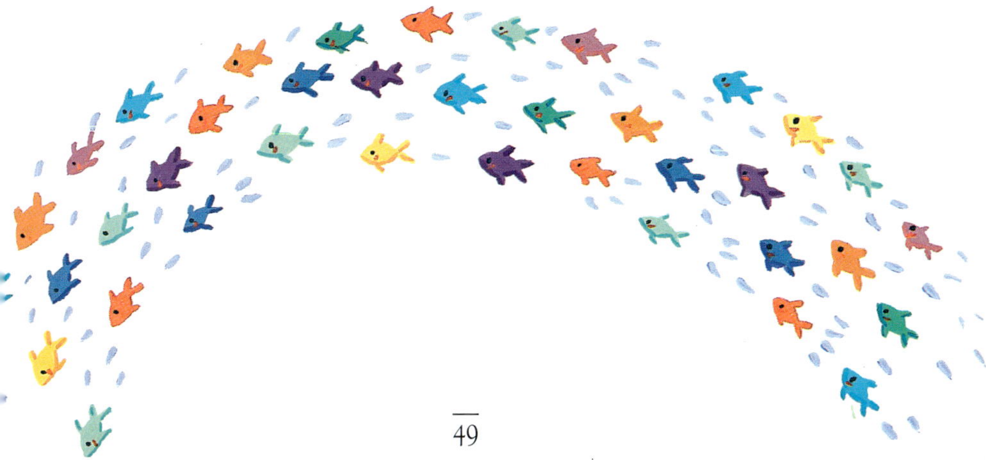

C'est demain dimanche

C'est demain dimanche,
La fête à ma tante
Qui balaie sa chambre
Avec sa robe blanche.
Elle trouve une orange,
L'épluche et la mange,
Oh ! la grosse gourmande !

Il était un petit homme, pirouette

La maison est en carton,
Pirouette, cacahouète,
La maison est en carton,
Les escaliers sont en papier. ***(bis)***

Si vous voulez y monter...
Vous vous cass'rez le bout du nez. ***(bis)***

Le facteur y est monté...
Il s'est cassé le bout du nez. ***(bis)***

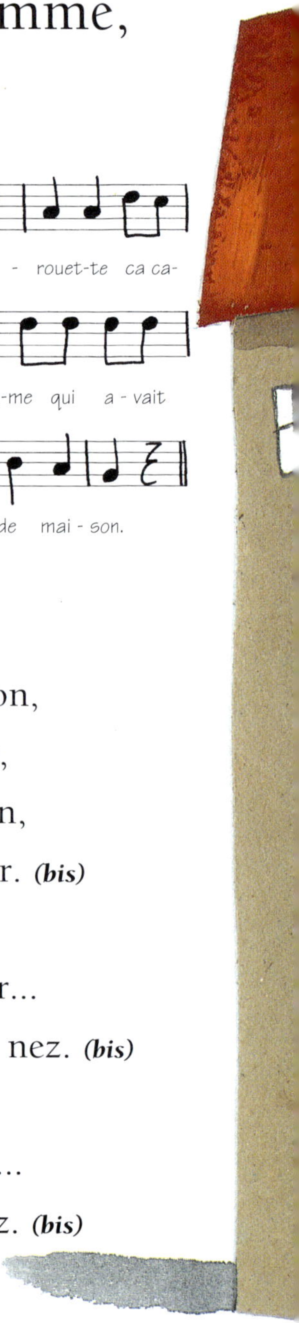

On lui a raccommodé…
Avec du joli fil doré. ***(bis)***

Le beau fil(e) s'est cassé…
Le bout du nez s'est envolé. ***(bis)***

Un avion à réaction…
A rattrapé le bout du nez. ***(bis)***

Mon histoire est terminée…
Messieurs, mesdames, applaudissez ! ***(bis)***

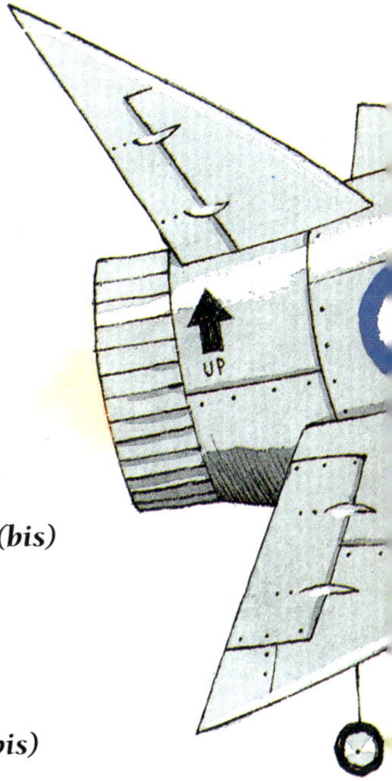

Sur le pont d'Avignon

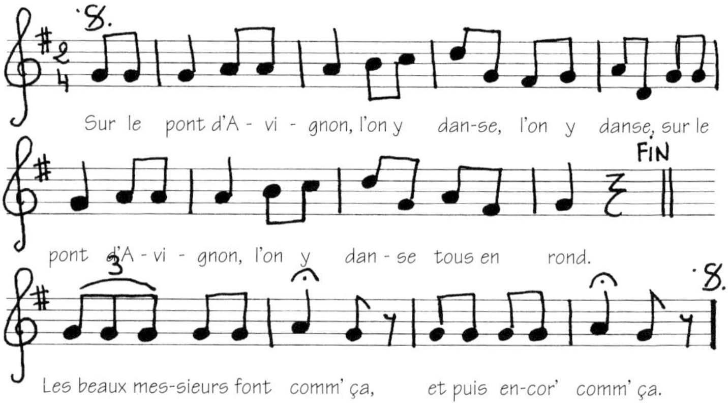

Refrain

Sur le pont d'Avignon,
L'on y danse, l'on y danse.
Sur le pont d'Avignon,
L'on y danse tous en rond.

Les bell's madam's font comm'ça,
Et puis encor' comm'ça. ***(refrain)***

Les militaires font comm'ça,
Et puis encor' comm'ça. ***(refrain)***

Et moi de m'en courir

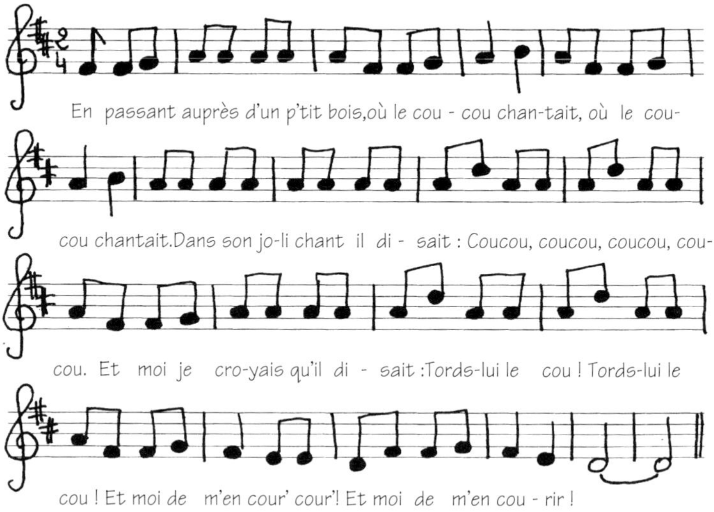

En passant auprès d'un étang
Où les canards chantaient. ***(bis)***
Dans leur joli chant ils disaient :
« Cancan, cancan, cancan, cancan. »
Et moi je croyais qu'ils disaient :
« Jett'-le dedans ! Jett'-le dedans ! »
Et moi de m'en cour' cour'
Et moi de m'en courir !

En passant auprès d'un moulin
Où la grand'roue tournait. ***(bis)***
Dans son joli chant elle disait :
« Tic-tac, tic-tac, tic-tac, tic-tac ! »
Et moi je croyais qu'elle disait :
« Faut que j'l'attrap' ! Faut que j'l'attrap' ! »
Et moi de m'en cour' cour'
Et moi de m'en courir !

J'ai du bon tabac

J'ai du bon tabac
Dans ma tabatière,
J'ai du bon tabac,
Tu n'en auras pas !

J'en ai du fin et du bien râpé,
Mais ce n'est pas pour ton vilain nez !

J'ai du bon tabac
Dans ma tabatière,
J'ai du bon tabac,
Tu n'en auras pas !

Monsieur
vous
avez
un gros nez
TABAC

Mon beau sapin

T oi que Noël
Planta chez nous
Au saint anniversaire !
Joli sapin
Comme ils sont doux
Et tes bonbons et tes joujoux !

Toi que Noël
Planta chez nous
Tout brillant de lumière.

Mon beau sapin
Tes verts sommets
Et leur fidèle ombrage,
De la foi qui ne ment jamais
De la constance et de la paix,
Mon beau sapin
Tes verts sommets
M'offrent la douce image.

Prom'nons-nous dans les bois

Parlé

Je mets mes lunettes ! **(refrain)**

Puis

Je mets ma chemise ! **(refrain)**

On recommence le refrain, mais la réponse change chaque fois :

Je mets ma culotte, ma veste,
mes chaussettes, mes bottes, etc.

Puis

Je prends mon fusil ! **(refrain)**

Enfin

J'arrive !

Mon âne

Mon âne, mon âne a bien mal aux oreilles ;
Madame lui fait faire une paire de boucles d'oreilles.
Une paire de boucles d'oreilles,
Un bonnet pour sa fête,
Et des souliers lilas, la la
Et des souliers lilas.

Mon âne, mon âne a bien mal à ses yeux ;
Madame lui fait faire une paire de lunettes bleues...

Mon âne, mon âne a bien mal à son nez ;
Madame lui fait faire un joli cache-nez...

Mon âne, mon âne a mal à l'estomac ;
Madame lui fait faire une tasse de chocolat...

GRRRR
TRALALALALALALALÈRE

J'aime la galette

J'aime la galette,

Savez-vous comment ?

Quand elle est bien faite

Avec du beurre dedans.

Tra la la la la la la la lère

Tra la la la la la la la la. ***(bis)***

J'ai vu le loup

J'ai vu le loup, le renard et la belette,
J'ai vu le loup, le renard danser.
J'les ai vus taper du pied.
J'ai vu le loup, le renard et la belette,
J'les ai vus taper du pied.
J'ai vu le loup, le renard danser.

Une poule sur un mur

Une poule sur un mur
Qui picote du pain dur,
Picoti, picota,
Lèv' la queue et puis s'en va.

Compère Guilleri

Refrain

Carabi,

Titi Carabi

Toto Carabo

Compèr' Guilleri

Te feras-tu *(ter)* mouri ?

Il monta sur un arbre
Pour voir ses chiens couri,
Carabi,
La branch' vint à se rompre
Et Guilleri tombi. ***(refrain)***

Il se cassa la jambe
Et le bras se démit,
Carabi,
Les dam's de l'hôpital
Sont arrivées sans bruit. ***(refrain)***

On lui banda la jambe
Et le bras lui remit,
Carabi,
Pour remercier ces dames
Guill'ri les embrassit. ***(refrain)***

Pomme, pêche, poire, abricot

Pomme, pêche, poire, abricot,
Y'en a une, y'en a une,
Pomme, pêche, poire, abricot,
Y'en a une de trop !

9
8
7
6
5
4
3
2
1

Mam'zelle Angèle

Je sonne au numéro deux
Et d'mand' Mam'zelle Angèle
La concierge… etc.

Je sonne au numéro trois
Et d'mand' Mam'zelle Angèle
La concierge… etc.

Dame Tartine

Elle épousa Monsieur Gimblette
Coiffé d'un beau fromage blanc.
Son chapeau était de galette
Son habit était de vol-au-vent,
Culotte en nougat,
Gilet de chocolat,
Bas de caramel,
Et souliers de miel.

Au clair de la lune

Au clair de la lune
Pierrot répondit :
Je n'ai pas de plume,
Je suis dans mon lit.

Va chez la voisine,
Je crois qu'elle y est,
Car, dans sa cuisine,
On bat le briquet.

Ah ! mon beau château

Nous le détruirons,
Ma tant' tire lire lire,
Nous le détruirons,
Ma tant' tire lirelo.

Comment ferez-vous ?...

Nous prendrons vos filles...

Laquell' prendrez-vous ?...

Celle que voici...

Que lui donn'rez-vous ?...

De jolis bijoux...

Nous n'en voulons pas...

Frère Jacques

Frère Jacques, Frère Jacques,
Dormez-vous ? Dormez-vous ?
Sonnez les matines, sonnez les matines,
Din, ding, dong. Din, ding, dong.

DING
DING
DONG
Z
Z
Z
Z
Z
Z
J

Passe, passera

Passe, passe, passera
La dernière, la dernière,
Passe, passe, passera,
La dernière restera.

Qu'est-ce qu'elle a donc fait
La p'tite hirondelle ?
Elle nous a volé
Trois p'tits grains de blé.
Nous l'attraperons,
La p'tite hirondelle,
Nous lui donnerons
Trois p'tits coups de bâton.

Pic nic douille

Pic nic douille
C'est toi qui seras l'andouille,
Mais comm' le roi ne le veut pas,
Tu n'le seras pas.

non
nenni
non
nouille

Cadet Rousselle

Cadet Rousselle a trois gros chiens ***(bis)***
L'un court au lièvr', l'autre au lapin ***(bis)***
L'troisièm' s'enfuit quand on l'appelle,
Comm' le chien de Jean de Nivelle.
Ah ! ah ! ah ! Oui vraiment,
Cadet Rousselle est bon enfant.

Cadet Rousselle a trois garçons ***(bis)***
L'un est voleur, l'autre est fripon ***(bis)***
Le troisième est un peu ficelle
Il ressemble à Cadet Rousselle.
Ah ! ah ! ah ! Oui vraiment,
Cadet Rousselle est bon enfant.

DÉMÉN

Il était une fois

Il était une fois
Une marchande de foie
Qui vendait du foie
Dans la ville de Foix.

Elle se dit : Ma foi
C'est la dernière fois
Que je vends du foie
Dans la ville de Foix.

V'là l'bon vent

Refrain

V'là l'bon vent, v'là le joli vent !
V'là l'bon vent, ma mie m'appelle.
V'là l'bon vent, v'là le joli vent !
V'là l'bon vent, ma mie m'attend.

Trois beaux canards s'en vont nageant ***(bis)***
Le fils du roi s'en va chassant. ***(refrain)***

Avec son grand fusil d'argent ***(bis)***
Visa le noir, tua le blanc. ***(refrain)***

Oh ! fils du roi, tu es méchant. ***(bis)***
Tu as tué mon canard blanc. ***(refrain)***

Par-dessous l'aile il perd son sang ***(bis)***
Et par les yeux des diamants. ***(refrain)***

Et par le bec, l'or et l'argent. ***(bis)***
Que ferons-nous de tant d'argent ? ***(refrain)***

Nous mettrons les fill's au couvent ***(bis)***
Et les garçons au régiment. ***(refrain)***

Une souris verte

Une souris verte

Qui courait dans l'herbe

Je l'attrape par la queue,

Je la montr' à ces messieurs.

Ces messieurs me disent :

Trempez-la dans l'huile,

Trempez-la dans l'eau,

Ça fera un escargot tout chaud.

C'est la mère Michel

Refrain

Sur l'air du tralalala,
Sur l'air du tralalala,
Sur l'air du tradéridéra et tralala.

C'est la mèr' Michel qui lui a demandé :
Mon chat n'est pas perdu, vous l'avez donc trouvé ?
Et l'compèr' Lustucru qui lui a répondu :
Donnez un' récompens' il vous sera rendu.

(refrain)

Et la mèr' Michel lui dit : C'est décidé,
Si vous m'rendez mon chat, vous aurez un baiser,
Et l'compèr' Lustucru qui n'en a pas voulu,
Lui dit : Pour un lapin vot' chat sera vendu !

(refrain)

Bonjour, ma cousine

– Bonjour, ma cousine.
– Bonjour, mon cousin germain ;
On m'a dit que vous m'aimiez,
Est-ce bien la vérité ?
– Je n'm'en soucie guère. ***(bis)***
Passez par ici et moi par là,
Au r'voir, ma cousine, et puis voilà !

Ne pleure pas, Jeannette

Avec le fils d'un prince
Tralalalalalalalalalalalala
Avec le fils d'un prince
Ou celui d'un baron. ***(bis)***

Je ne veux pas d'un prince
Encor' moins d'un baron. ***(bis)***

Je veux mon ami Pierre
Celui qu'est en prison. ***(bis)***

Tu n'auras pas ton Pierre,
Nous le pendouillerons. ***(bis)***

Si vous pendouillez Pierre,
Pendouillez-moi z'avec. ***(bis)***

Et l'on pendouilla Pierre
Avec sa Jeanneton. ***(bis)***

Sur la plus haute branche
Le rossignol chantait. ***(bis)***

Il chantait les louanges
De Pierre et de Jeannette. ***(bis)***

AU FEU
AU FEU
AU FEU

Au feu, les pompiers

Au feu, les pompiers
V'là la maison qui brûle !
Au feu, les pompiers,
V'là la maison brûlée !

C'est pas moi qui l'ai brûlée,
C'est la cantinière,
C'est pas moi qui l'ai brûlée,
C'est le cantinier.

Au feu, les pompiers,
V'là la maison qui brûle !

Maman, les petits bateaux

Maman, les petits bateaux
Qui vont sur l'eau,
Ont-ils des jambes ?
Mais oui mon gros bêta
S'ils n'en avaient pas,
Ils ne marcheraient pas.

Allant droit devant eux,
Ils font le tour du monde,
Mais comme la terre est ronde,
Ils reviennent chez eux.

L'emp'reur, sa femme et le p'tit prince

Mardi matin,

L'emp'reur, sa femme et le p'tit prince

Sont venus chez moi pour me serrer la pince.

Comme j'étais parti, le p'tit prince a dit :

Puisque c'est ainsi nous r'viendrons mercredi.

et ainsi de suite jusqu'à :

Dimanche matin,
L'emp'reur, sa femme et le p'tit prince
Sont venus chez moi pour me serrer la pince.
Comme j'étais parti, le p'tit prince a dit :
Puisque c'est comme ça,
Nous ne reviendrons pas.

Dans la forêt lointaine

Dans la forêt lointaine,
On entend le coucou.
Du haut de son grand chêne
Il répond au hibou :
Coucou, coucou,
On entend le coucou.

Arlequin dans sa boutique

Il vend des bouts de réglisse
Meilleurs que votre bâton,
Des bonshommes en pain d'épice
Moins bavards que vous, dit-on.

Il a des pralines grosses
Bien plus grosses que le poing,
Plus grosses que les deux bosses
Qui sont dans votre pourpoint.

Il a de belles oranges
Pour les bons petits enfants,
Et de si beaux portraits d'anges
Qu'on dirait qu'ils sont vivants.

Vive la rose et le lilas

Il va-t-en voir une autre
Ô gai, vive la rose ***(bis)***
Qui est plus rich' que moi,
Vive la rose et le lilas. ***(bis)***

On dit qu'elle est très belle,... ***(bis)***
Je ne le nierai pas... ***(bis)***

On dit qu'elle est malade... ***(bis)***
Peut-être elle en mourra... ***(bis)***

Mardi reviendra me voir... ***(bis)***
Et je n'en voudrai pas... ***(bis)***

Le roi Dagobert

Le bon roi Dagobert
Fut mettre son bel habit vert.
Le grand saint Éloi
Lui dit : « Ô mon roi,
Votre habit paré
Au coude est percé.
– C'est vrai, lui dit le roi,
Le tien est bon,
Prête-le-moi. »

Le bon roi Dagobert
Chassait dans les plaines d'Anvers.
Le grand saint Éloi
Lui dit : « Ô mon roi,
Votre Majesté
Est bien essoufflée.
– C'est vrai, lui dit le roi,
Un lapin courait après moi. »

Le Palais-Royal

Le Palais-Royal est un beau quartier,
Toutes les jeunes filles sont à marier.
Mad'moiselle Sophie est la préférée
De monsieur David qui veut l'épouser.

Dis-moi oui, dis-moi non,
Dis-moi si tu m'aimes,
Dis-moi oui, dis-moi non,
Dis-moi oui ou non.

Alouette, gentille alouette

Refrain

Alouette, gentille alouette,
Alouette, je te plumerai.

Je te plumerai la tête ***(bis)***

Et la tête ***(bis)***

Alouette ***(bis)***

Ah ! ***(refrain)***

Je te plumerai le bec ***(bis)***

Et le bec ***(bis)***

Et la tête ***(bis)***...

Je te plumerai les yeux ***(bis)***

Je te plumerai le cou ***(bis)***

Je te plumerai les ailes ***(bis)***

Je te plumerai les pattes ***(bis)***

Je te plumerai la queue ***(bis)***

Bon voyage, Monsieur Dumollet

Refrain

Bon voyage, Monsieur Dumollet,
À Saint-Malo débarquez sans naufrage,
Bon voyage, Monsieur Dumollet,
Et revenez si le pays vous plaît.

Mais si vous allez voir la capitale,
Méfiez-vous des voleurs, des amis,
Des billets doux, des coups, de la cabale,
Des pistolets et des torticolis.

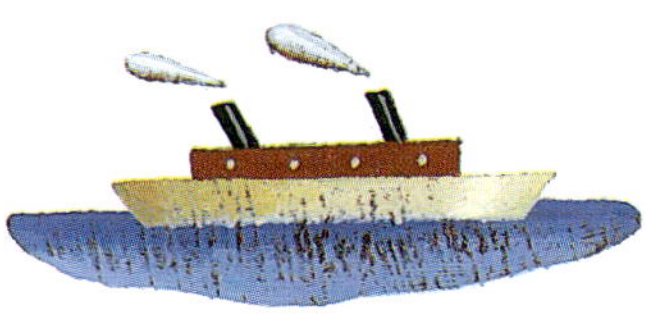

Un, deux, trois

Un, deux, trois,
Allons dans les bois,
Quatre, cinq, six,
Cueillir des cerises,
Sept, huit, neuf,
Dans mon panier neuf,
Dix, onze, douze,
Elles seront toutes rouges.

La volette

Il prit sa volée
Sur un oranger. ***(bis)***
Sur un o, à la volette, ***(bis)***
Sur un oranger.

La branche était sèche,
L'oiseau est tombé. ***(bis)***
L'oiseau est, à la volette, ***(bis)***
L'oiseau est tombé.

Mon petit oiseau,
Où t'es-tu blessé ? *(bis)*
Où t'es-tu, à la volette, *(bis)*
Où t'es-tu blessé ?

Je m'suis cassé l'aile
Et tordu le pied. *(bis)*
Et tordu, à la volette, *(bis)*
Et tordu le pied.

Mon petit oiseau,
Je vais te soigner. *(bis)*
Je vais te, à la volette, *(bis)*
Je vais te soigner.

Il pleut, il mouille

Il pleut, il mouille,
C'est la fête à la grenouille,
La grenouille a fait son nid
Dessous un grand parapluie.

La barbichette

Je te tiens,
Tu me tiens,
Par la barbichette.
Le premier
De nous deux
Qui rira
Aura une tapette.

Il court, il court, le furet

Il court, il court, le furet,
Le furet du bois Mesdames,
Il court, il court, le furet,
Le furet du bois joli.
Il est passé par ici,
Il repassera par là.
Il court, il court, le furet,
Le furet du bois Mesdames,
Il court, il court le furet,
Le furet du bois joli.

fifi
URSULE
Rachel
elise
TANIA

Ah ! dis-moi donc, bergère

Ah ! dis-moi donc, bergère,
Où va ce chemin-là ?
Eh ! par ma foi, monsieur,
Il ne bouge pas de là.
Et tralaladéridéra et tradéronla.

Ah ! dis-moi donc, bergère,
L'étang est-il profond ?
Eh ! par ma foi, monsieur,
Il descend jusqu'au fond !
Et tralaladéridéra et tradéronla.

Ah ! dis-moi donc, bergère,
N'as-tu pas peur du loup ?
Eh ! par ma foi, monsieur,
Pas plus du loup que d'vous !
Et tralaladéridéra et tradéronla.

Do, do, l'enfant do

Do, do, l'enfant do,
L'enfant dormira bien vite ;
Do, do, l'enfant do,
L'enfant dormira bientôt.

Table des Chansons

Ah ! dis-moi donc bergère 134
Ah ! les crocodiles 28
Ah ! mon beau château 82
Ah ! vous dirai-je, maman 38
Ainsi font, font, font 32
À la claire fontaine 40
Alouette, gentille alouette 120
Arlequin dans sa boutique 112
Au clair de la lune 80
Au feu, les pompiers 104
Aux marches du palais 16

Bateau, ciseau 26
Bonjour, ma cousine 100
Bon voyage, Monsieur Dumollet 122

Cadet Rousselle 90
C'est demain dimanche 50
C'est la mère Michel 98
Compère Guilleri 72

Dame Tartine 78
Dans la forêt lointaine 110

Dansons la capucine 42
Do, do, l'enfant do 136

Et moi de m'en courir 56

Fais dodo, Colas mon p'tit frère 22
Frère Jacques 84

Gentil coquelicot 24

Il court, il court, le furet 132
Il était une fois 92
Il était un petit homme, pirouette 52
Il était un petit navire 48
Il pleut, il mouille 128

J'ai du bon tabac 58
J'aime la galette 66
J'ai vu le loup 68
Jean de la Lune 36

La barbichette 130
La bonne aventure ô gué 44
La volette 126
L'empereur, sa femme et le p'tit prince 108
Le Palais-Royal 118
Le roi Dagobert 116

Maman, les petits bateaux 106
Mam'zelle Angèle 76
Meunier, tu dors 14

Mon âne 64
Mon beau sapin 60

Ne pleure pas, Jeannette 102
Nous n'irons plus au bois 12

Passe, passera 86
Pic nic douille 88
Polichinelle 46
Pomme de reinette et pomme d'api 8
Pomme, pêche, poire, abricot 74
Prom'nons-nous dans les bois 62

Savez-vous planter les choux ? 20
Sur le pont d'Avignon 54

Trois jeunes tambours 30
Trois poules 18

Un canard 10
Un, deux, trois 124
Un éléphant 6
Un petit cochon 34
Une poule sur un mur 70
Une souris verte 96

Vive la rose et le lilas 114
V'là l'bon vent 94

Chansons des pages 12, 21, 33, 48,
78, 100, 106 et 137
illustrées par Sylvie Albert

Chansons des pages 57, 71, 82,
94, 129 et 134
illustrées par Christel Desmoinaux

Chansons des pages 9, 66, 85, 99, 104 et 113
illustrées par Jochen Gerner

Chansons des pages 15, 25, 28, 43, 55,
63, 76, 114, 123 et 133
illustrées par Martin Jarrie

Chanson de la page 40
illustrée par Muriel Kerba

Chansons des pages 6, 18, 51, 68, 91 et 103
illustrées par Jean-François Martin

Chansons des pages 16, 37, 46, 52, 59, 72, 88 et 120
illustrées par Martin Matje

Chansons des pages 10, 27, 30, 35, 38, 64, 92, 97,
109, 117 et 118
illustrées par Christophe Merlin

Chansons des pages 23, 45, 81, 87, 124 et 130
illustrées par Andrée Prigent

Chansons des pages 60, 74, 110 et 126
illustrées par Danièle Schulthess